Dieu fait pour nous des merveilles !

EN FAMILLE

devenir **ami** de Jésus

oser parler de Dieu

partager **le sens** de la vie

croire au **pardon**

vivre des actions **solidaires**

s'émerveiller **ensemble**

s'interroger sur ce qu'on **croit**

découvrir **Jésus**

poser **des questions** sur le mal, la mort, l'amour

dire **merci** à la vie !

prier, chanter, **rire et jouer** ensemble

vivre en **Église**

W0411011

Découvrez chaque merveille de Dieu en 3 propositions :

Le récit de la merveille !

La lecture du récit est un temps privilégié pour raconter à vos enfants chaque merveille de Dieu. À la suite du récit, deux questions invitent à un temps d'échange sur la merveille de Dieu dans votre famille.

La BD de la merveille !

La bande dessinée propose une lecture rapide et dynamique de chaque merveille de Dieu. Elle vient enrichir un échange possible à partir du visuel qu'elle offre à voir.

Le jeu de la merveille !

Le jeu multimédia propose un temps ludique de 20 minutes à vivre en famille. Il vous permet de découvrir chaque merveille de Dieu à partir d'un dessin animé et de courtes vidéos. Il vous invite aussi à partager sur les merveilles que Dieu fait pour vous en famille et à remercier Dieu.

Le signet

Après chaque rencontre en équipe de caté, votre enfant rapportera à la maison le signet qui vous indique la merveille de Dieu découverte avec son équipe. C'est une invitation à vivre en famille les 3 propositions : le récit, la bande dessinée et le jeu.

Dieu fait pour nous des merveilles !

Cet ouvrage a été réalisé par
la Direction diocésaine de l'Enseignement catholique d'Angers,
le Service de catéchèse d'Angers,
la faculté de Théologie de l'Université Catholique de l'Ouest
et MEDIACLAP édition.

ENSEIGNEMENT CATHOLIQUE de Maine et Loire

Diocèse d'Angers

UCO ANGERS UNIVERSITÉ CATHOLIQUE DE L'OUEST

Monseigneur Emmanuel DELMAS, évêque d'Angers,
a donné l'imprimatur à usage catéchétique en France pour cet ouvrage, le 6 août 2014, en la fête de la Transfiguration du Seigneur.

Les auteurs et l'éditeur tiennent à remercier toutes les personnes qui ont participé à ce projet.

CRÉDITS :

La conception globale, la réalisation de l'ouvrage et des contenus multimédias ont été effectuées par MEDIACLAP.

Les dessins des illustrations, bandes dessinées et dessins animés, ont été encrées par Philippe DE LA FUENTE, François-Xavier JAUZE, Jean-Gabriel JAUZE, Manon LAMY, Eric SERRE, et colorisés par Ghislaine AMEGLIO-SERRE.

Imprimé par Offset 5, 85150 La Mothe-Achard en juin 2019

L'ARCHE

Cet ouvrage est assemblé et conditionné par des ESAT (Établissement d'Aide par le Travail). Les communautés de l'Arche sont des associations qui accueillent des personnes ayant un handicap mental.

Site internet : www.arche-france.org

Dépôt légal Août 2014

VENEZ À 6 FÊTES-RENCONTRES

La rencontre des familles

En début d'année, une première rencontre **TOUS INVITÉS !** rassemble les enfants et leur famille. C'est un temps festif de lancement d'année. Cette rencontre vous propose de découvrir les supports multimédias et d'échanger sur les merveilles que Dieu fait pour nous.

5 fêtes à vivre avec votre famille

Toute votre famille est invitée à des fêtes au cours de l'année :

TOUS SAINTS ! **TOUS AIMÉS !** **TOUS JOYEUX À SERVIR !** **TOUS VIVANTS !** **TOUS AMIS DE JÉSUS !**

Notez les dates sur votre agenda ! Une fête, c'est souvent un moment de détente en famille et un temps de rencontre.

VOTRE FAMILLE

La famille est le premier lieu de transmission de la vie, de croissance pour l'enfant, de construction de la personne, de développement des relations, de découverte de la foi, de recherche du sens de la vie.
La famille est le premier lieu où l'on reçoit et où l'on donne de l'amour gratuit.

Votre famille est ce lieu où chacun peut :
- trouver des temps d'échange et de parole pour dire sa foi et ses doutes,
- poser des questions sur des grands sujets de la vie : le mal, l'amour, la mort...
- relire les événements de la vie familiale,
- faire une pause, prier, chanter, jouer...
- chercher un sens à son existence, faire des projets.

Vous parents, c'est vous qui transmettez à vos enfants ce en quoi vous croyez, vos convictions. Le support « Dieu fait pour nous des merveilles EN FAMILLE » vous offre les moyens de faire régulièrement une pause, de faire une relecture de votre vie de famille, de partager sur la vie chrétienne, de prier, de chanter, de célébrer...

Et si on a des questions ?

N'hésitez pas à contacter le prêtre de la paroisse, le responsable de la catéchèse, le chef d'établissement de l'école. Ils sauront vous accompagner dans la découverte de toutes ces merveilles !

LA RÈGLE DU JEU

Le jeu se déroule de manière interactive et collaborative. Vous ne formez qu'une seule équipe.

Durée : *20 à 30 min*

Préparation : *Ouvrez le livre à la page du jeu et dépliez le plateau de jeu.*
Connectez-vous au site internet www.merveilles-de-dieu.fr ou accédez directement en flashant ce code :
Ensuite, saisissez le code noté sur le livre (ex : 0123).
Vous pouvez aussi télécharger l'application pour les tablettes et les smartphones.

But du jeu : *Une merveille de Dieu est écrite dans le livre. Mais des mots ont disparu !*
C'est devenu maintenant une phrase mystère... Et c'est dans les 6 étapes du jeu que vous allez les retrouver.
À chaque étape, lorsque vous gagnez, une vidéo se lance et un mot mystère est découvert.
Il faut vite le recopier dans le livre au bon endroit.
Quand tous les mots sont trouvés, c'est gagné !
Lisez alors ensemble la merveille de Dieu que vous avez trouvée
et répondez en famille à la question qui est posée.
Vous avez sûrement plein de choses à vous dire !
Pour finir, lisez ensemble la prière proposée.

DIEU FAIT POUR NOUS DES MERVEILLES ! LE JEU

DÉPART

Pour commencer, regardez le **dessin animé.**

ÉTAPE 1

Lancez le **jeu interactif.**

Une vidéo vous fait découvrir le mot mystère à écrire au bon endroit dans la phrase mystère.

ÉTAPE 2

Jeu interactif

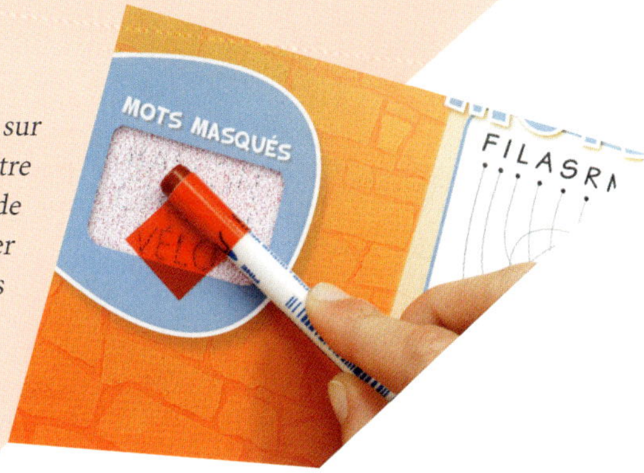

Détachez le crayon Velleda sur le côté du livre. Avec son filtre rouge, il vous permet de dévoiler les mots à dessiner puis de faire les dessins dans la zone blanche. Effacez les dessins avec un chiffon ou un mouchoir.

ÉTAPE 3

Dessine les mots

Choisissez un dessinateur qui regarde, seul (avec le filtre rouge), les trois mots masqués. Déclenchez le chronomètre dès que le dessinateur commence à faire deviner les trois mots en dessinant. Une vidéo vous fait ensuite découvrir le mot mystère.

ÉTAPE 4

Jeu interactif

ÉTAPE 5

Faites le jeu du **plateau de jeu**. Recopiez le mot mystère découvert.

ÉTAPE 6

Jeu interactif

BRAVO !

Vous avez découvert tous les mots de la phrase mystère. Lisez **la merveille de Dieu** et échangez en famille avec la question posée. Lisez ensemble **la prière** proposée. En bonus, découvrez la vidéo « Dans la vie de Lilo » !

MERVEILLE DE DIEU

DIEU CRÉE LA VIE

La Bible commence par un poème. Ce poème ne veut pas expliquer comment le monde et les hommes ont été créés. Il raconte, avec des images, que Dieu est à l'origine de la vie.
Au tout début, Dieu crée le ciel et la terre. La terre est vide, il fait tout noir, il y a de l'eau partout. Dieu souffle sur la terre.

Il crée la lumière, le jour et la nuit. C'est le premier jour.
Puis, il crée le ciel. C'est le deuxième jour.
Il crée ensuite le sol, la mer et toutes les plantes et les arbres. C'est le troisième jour.
Il crée le soleil, la lune et les étoiles. C'est le quatrième jour.
Dieu crée tous les animaux de la mer et du ciel. C'est le cinquième jour.

Dieu dit : *« Que la terre soit remplie de toutes les espèces d'animaux. »*
Dieu voit que cela est bon.
Dieu dit : *« Faisons l'être humain à notre image et qu'il nous ressemble vraiment. Que tous les animaux lui obéissent. »*
Alors Dieu crée l'être humain à son image et il est vraiment à l'image de Dieu.
Il le crée homme et femme.
Dieu dit du bien de l'homme et de la femme.
Et il continue de leur parler : *« Devenez nombreux, remplissez la terre et gardez-la. Que tous les animaux vous obéissent. »*

Et Dieu dit : « *Je vous donne toutes les plantes avec leurs graines et tous les arbres avec leurs fruits. C'est votre nourriture. À tous les animaux, je donne de l'herbe pour qu'ils se nourrissent.* »
Et tout ce que Dieu dit est créé. Dieu regarde tout ce qu'il a fait. Il voit que cela est très bon. C'est le sixième jour.

Le septième jour, Dieu se repose de tout son travail de créateur.
L'homme et la femme sont la plus belle création de Dieu. C'est pour eux que Dieu a tout créé. L'homme et la femme sont les gardiens de cette merveille. Ils doivent alors en prendre soin.
Mais, la suite de la Bible raconte que l'homme et la femme désobéissent à Dieu.
Ils veulent prendre la place de Dieu. À cause de cette faute, la relation avec Dieu est abîmée et ils doivent vivre d'une autre manière.
Tristes de cette situation, Dieu et les hommes cherchent à se retrouver.

D'après Gn 1-3

Quelle est la merveille dans ce poème ?

En famille, que trouvons-nous de merveilleux et de bon dans la création ?

DIEU CRÉE LA VIE

Dieu dit :
FAISONS L'ÊTRE HUMAIN À NOTRE IMAGE ET QUE TOUS LES ANIMAUX LUI OBÉISSENT.
L'être humain est vraiment à l'image de Dieu. Il le crée homme et femme.
REMPLISSEZ LA TERRE ET GARDEZ-LA.
POUR VIVRE, JE VOUS DONNE LES PLANTES ET LES GRAINES, LES ARBRES ET LES FRUITS.
DIEU VOIT QUE CELA EST TRÈS BON. C'EST LE SIXIÈME JOUR.

Le septième jour, Dieu se repose.
L'homme et la femme doivent prendre soin de cette merveille.

D'après Gn 1-2

JEU code 3423

www.merveilles-de-dieu.fr

disponible sur APPLI et sur SITE INTERNET

4 5 6

CACHE CACHE

Retrouve les **3 lettres cachées** dans le dessin et découvre le mot mystère !

MOTS MASQUÉS

FLEUR
SOLEIL

DIEU CRÉE LA VIE

PHRASE MYSTÈRE

Dieu nous offre la ______ (5)
en ______ (3). Dieu nous appelle
à ______ (2) et à prendre ______ (1)
de sa ______ (6).
Pour nous, qu'est-ce qui est
______ (4) dans la création ?

PRIÈRE

Dieu,
Tu crées la vie,
Tu nous donnes la vie,

Merci !

Dieu, Tu nous appelles
à être avec Toi,
Aide-nous
à nous émerveiller,
à te remercier chaque jour,
pour toutes les merveilles
que Tu fais pour nous.

Merci !

Après avoir trouvé la PHRASE MYSTÈRE, découvre la vidéo de mes aventures.

DANS LA VIE DE LILO

MERVEILLE DE DIEU

DIEU MARCHE AVEC NOUS

Dans la Bible, après la création du monde, l'homme et la femme se séparent de Dieu. Sur la terre, les hommes sont perdus, ils cherchent Dieu. Alors, Dieu se fait connaître, il parle aux hommes. Il choisit de rencontrer Abram pour créer une grande famille, son peuple. Un jour, Dieu se montre à Abram et il lui dit :

« Je suis le Dieu qui peut tout. Marche avec moi et sois parfait. Je vais faire alliance avec toi. À partir de toi, beaucoup d'enfants vont naître. »

Abram se met à genoux, le front contre le sol. Dieu lui dit : *« Voici l'alliance que je fais avec toi : tu vas devenir le père d'un grand nombre d'enfants. Tu ne t'appelleras plus Abram. Ton nouveau nom sera Abraham, ce qui veut dire "le père d'un grand nombre d'enfants". Ceux qui vont naître de toi seront très nombreux. Ils formeront des peuples, et des rois naîtront de toi. Je vais faire alliance avec toi, avec tes enfants et les enfants de leurs enfants. Cette alliance durera toujours. Ainsi je serai ton Dieu et le Dieu de tous ceux qui naîtront de toi. »*

Abraham accepte l'alliance que Dieu lui propose. Ses enfants, ses petits-enfants, ses arrière-petits-enfants… continuent de vivre en alliance avec Dieu. Le peuple grandit. Un jour, le peuple devient prisonnier en Égypte. Dieu écarte la mer pour le libérer.

D'après Gn 17, 1-8

Est-ce que, moi aussi, je veux marcher avec Dieu ?

En famille, quels sont les moments où Dieu marche avec nous ?

DIEU MARCHE AVEC NOUS

Dans la Bible, après la création du monde, l'homme et la femme se séparent de Dieu.

TU NE T'APPELLES PLUS ABRAM.
TON NOUVEAU NOM EST ABRAHAM,
CE QUI VEUT DIRE
« LE PÈRE DE BEAUCOUP D'ENFANTS ».
CEUX QUI VONT NAÎTRE DE TOI
SERONT TRÈS NOMBREUX.
ILS FORMERONT DES PEUPLES.
DES ROIS NAÎTRONT DE TOI.

JE FAIS ALLIANCE
AVEC TOI,
AVEC TES ENFANTS
ET LES ENFANTS
DE LEURS ENFANTS.
CETTE ALLIANCE
EST POUR TOUJOURS.
JE SUIS TON DIEU
ET LE DIEU DE TOUS CEUX
QUI NAÎTRONT DE TOI.

Abraham accepte l'alliance que Dieu lui propose. Ses enfants et ses petits-enfants continuent de vivre en alliance avec Dieu. Le peuple grandit.

Un jour, le peuple devient prisonnier en Égypte. Dieu écarte la mer pour le libérer.

JEU code 3883

www.merveilles-de-dieu.fr

disponible sur APPLI et sur SITE INTERNET

4 5 6

AU FIL DES MOTS

Retrouve les lettres qui sont attachées aux lacets des chaussures de marche et découvre le mot mystère.

F A S M R I L Q S T V L H E R

MOTS MASQUÉS

BALLON
CHEMIN
VÉLO

DIEU MARCHE AVEC NOUS

PHRASE MYSTÈRE

La ___ (2) de famille est comme un ___ (3) où ___ (1) est présent : il ___ (4) avec nous. Mais où est Dieu dans notre ___ (5) ? Quels sont les ___ (6) où Dieu est avec nous ?

PRIÈRE

Dieu,
dans les moments de joie,
mais aussi dans les
moments difficiles,
Tu marches avec nous.

Dans nos rencontres et
nos découvertes de la vie,
Tu marches avec nous.

Montre-nous le chemin
du bonheur.
Nous voulons marcher
tous ensemble avec Toi.

Après avoir trouvé la PHRASE MYSTÈRE, découvre la vidéo de mes aventures.

DIEU APPORTE LA PAIX

Le peuple de Dieu est en guerre. Les habitants du pays d'Israël sont tristes. Ils attendent un roi pour que la paix revienne. Certains d'entre eux pensent que Dieu les a abandonnés. Mais Dieu entend la souffrance de son peuple, sa tristesse et sa peur. Alors, Dieu choisit un homme pour parler à son peuple : il s'appelle Isaïe. Il est prophète et il annonce aux hommes le message de Dieu :

« Oui, un enfant est né, un fils nous a été donné. Il sera roi et il sera appelé : "Merveilleux conseiller, Dieu Puissant, père de toujours, prince de la paix". Il sera roi pour toujours et la paix sera sans fin. »

Le message du prophète Isaïe est un message d'espérance. Dieu promet la paix et celle-ci sera apportée par un roi. Avec l'aide de Dieu, les rois du pays ramènent la paix.
Pour nous, chrétiens, le roi annoncé par le prophète Isaïe, c'est Jésus. Jésus apporte une paix plus grande que celle des rois. Jésus apporte la paix partout et pour toujours.

D'après Is 9, 5-6

Est-ce que tu crois que Dieu peut aider à faire la paix ?

La paix en famille, est-ce important ? Pourquoi ?

DIEU APPORTE LA PAIX

D'après Is 9, 5-6

JEU code **6341**

www.merveilles-de-dieu.fr

disponible sur APPLI et sur SITE INTERNET

1, 2, 3, 4...

Trace un trait en reliant les numéros et découvre le mot mystère.

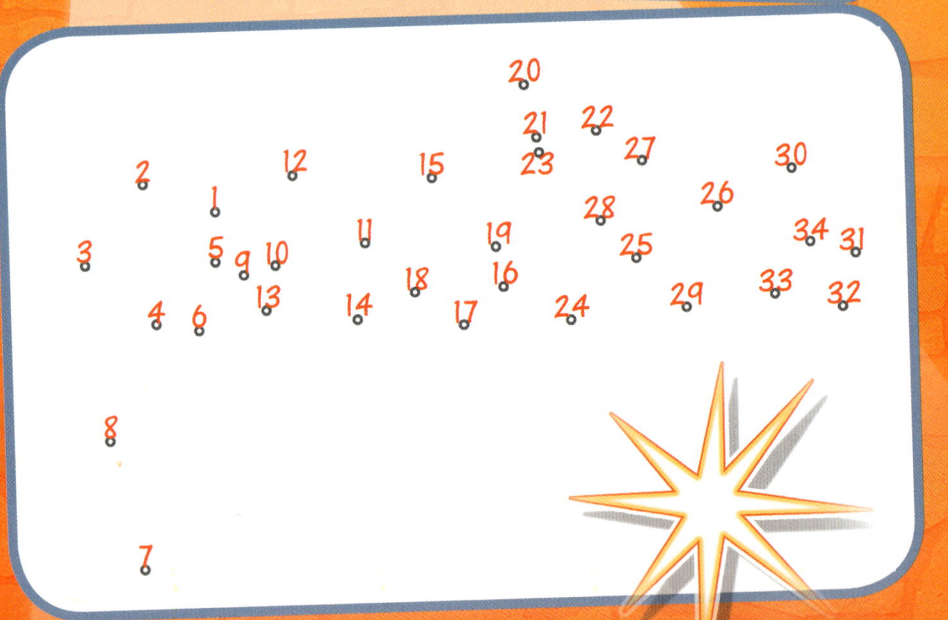

MOTS MASQUÉS

DIEU APPORTE LA PAIX

PHRASE MYSTÈRE

Dieu est la ______ (2) et il ______ (1) sa paix à ______ (6). Mais comment ______ (4) pour qu'il y ait plus de paix ? À la ______ (3), quels sont les ______ (5) de paix que nous vivons ?

PRIÈRE

Dieu,
quand nous nous disputons
à la maison,
aide-nous à faire la paix.
Quand la colère monte
en nous,
aide-nous à retrouver
la paix.

Rassemble
nos gestes de paix
pour construire
une maison d'amour.

Après avoir trouvé la PHRASE MYSTÈRE, découvre la vidéo de mes aventures.

DANS LA VIE DE LILO

Merveille de Dieu

Dieu choisit Marie

Marie est une jeune fille qui vit dans le pays d'Israël. Elle va bientôt se marier avec Joseph. Comme les gens de son époque, Marie attend le roi, le sauveur que Dieu a promis. Un jour, un ange apparaît devant elle. C'est l'ange Gabriel. Il vient de la part de Dieu lui annoncer une merveilleuse nouvelle.

L'ange vient près de Marie et lui dit : « *Je te salue Marie, pleine de grâce, Dieu est avec toi* ».

Marie est surprise par la parole de l'ange. Elle se demande ce que veut dire cette parole.

L'ange lui dit : « *N'aie pas peur, Marie, car Dieu t'a choisie. Oui, tu vas avoir un enfant et tu l'appelleras Jésus. Il sera merveilleux et on l'appellera le Fils du Très-Haut. Il sera roi pour toujours* ».

Alors, Marie dit à l'ange : « *Comment cela va-t-il arriver ?* »

L'ange répond à Marie : « *L'Esprit Saint va venir sur toi et la puissance de Dieu sera avec toi, c'est pourquoi ton enfant sera saint et il sera appelé Fils de Dieu. Et ta cousine Élisabeth, elle aussi attend un enfant. Elle est enceinte de six mois alors qu'elle est âgée et qu'elle ne pouvait pas avoir d'enfant. Rien n'est impossible à Dieu* ».

Alors, Marie dit à l'ange : « *Oui, je suis au service de Dieu, je veux faire ce que Dieu veut. Je souhaite que tes paroles se réalisent* ».

Alors l'ange s'éloigne de Marie.

Marie accepte d'être la maman de Jésus, le Fils de Dieu. Elle dit « oui » à Dieu. Ensuite, Marie part chez sa cousine Élisabeth pour lui annoncer la bonne nouvelle. Quand Élisabeth voit Marie arriver chez elle, elle est toute joyeuse, son bébé bouge dans son ventre. Élisabeth reconnaît alors que Marie porte le Fils de Dieu dans son ventre.

D'après Luc 1, 26-41

Qu'est-ce qui nous surprend dans ce récit ?

Est-ce qu'il nous arrive de dire « oui » à Dieu ? Quand ?

Dieu choisit Marie

D'après Lc 1, 26-38

4 5 6

LA LETTRE « E » A DISPARU

Réécris le mot mystère en remplaçant tous les X par la lettre qui a disparu.

MXRVXILLXS

_ _ _ _ _ _ _ _ _ _

MOTS MASQUÉS

ECOLE
ANGE
SOURIRE

DIEU CHOISIT MARIE

PHRASE MYSTÈRE

Dieu ______ 1 chacun de nous dans notre famille pour dire ses ______ 5, pour vivre de son ______ 4 et pour ______ 6 les autres.

Qu'est-ce que nous répondons à Dieu ? Est-ce que nous Lui disons « ______ 2 » à la maison, au travail, à l' ______ 3 ?

PRIÈRE

Dieu,

Tu as choisi Marie pour donner naissance à Jésus le Sauveur.

Tu nous choisis aussi pour vivre en famille toutes les merveilles que tu fais pour nous.

Merci pour les talents que tu donnes à chacun de nous.

Tu nous rends capables d'aimer, capables de vivre ensemble, capables de nous pardonner.

Après avoir trouvé la PHRASE MYSTÈRE, découvre la vidéo de mes aventures.

DANS LA VIE DE LILO

MERVEILLE DE DIEU

LE SAUVEUR EST NÉ, C'EST JÉSUS !

Le peuple de Dieu attend le Sauveur que Dieu a promis. Marie sait qu'elle porte dans son ventre le Fils de Dieu, Jésus, le roi qui est attendu.

Marie et Joseph sont en voyage dans la ville de Bethléem. Ils cherchent un endroit pour se reposer car Marie va bientôt accoucher. Mais il n'y a plus de place pour eux dans la maison des voyageurs. Alors, Marie et Joseph s'installent dans une étable, là où dorment les animaux.

Dans cette région, il y a des bergers. La nuit, ils gardent leurs troupeaux. Cette nuit-là, un ange apparaît devant les bergers. La lumière de Dieu se met à briller tout autour d'eux. Les bergers sont effrayés.

Mais l'ange leur dit : *« N'ayez pas peur car je vous annonce une bonne nouvelle et une grande joie pour tout le peuple : Aujourd'hui, le Sauveur est né pour vous, c'est Jésus, le Seigneur. Et voici un signe pour le reconnaître : vous trouverez un bébé enveloppé dans un drap et couché dans une mangeoire ».*

Soudain, beaucoup d'anges arrivent et ils chantent : *« Gloire à Dieu au plus haut des cieux et paix sur la terre aux hommes qu'il aime ».*

Après ces paroles, les bergers décident de partir aussitôt à la recherche du bébé. Ils voient alors Marie et Joseph dans l'étable. Ils découvrent ce que l'ange a dit : un bébé enveloppé dans un drap et couché dans une mangeoire. Ce bébé, c'est Jésus. Après avoir vécu tout cela, les bergers repartent joyeux : ils chantent les merveilles de Dieu.

D'après Lc 2, 4-20

Qu'est-ce que tu aimes bien dans ce récit ?

Qu'est-ce qui est merveilleux dans un bébé ?

Le Sauveur est né, c'est Jésus !

Marie et Joseph sont en voyage dans la ville de Bethléem. Marie va bientôt accoucher.

D'après Lc 2, 4-20

JEU code 3147

www.merveilles-de-dieu.fr

disponible sur APPLI et sur SITE INTERNET

4 5 6

PUZZLE CRÈCHE

Replace les autocollants du puzzle et découvre le mot mystère.

MOTS MASQUÉS

SAPIN
MOUTON
BEBE

Le Sauveur est né, c'est Jésus !

Phrase mystère

À ______ 4 , on décore le ______ 3 , on fait une ______ 6 pour se rappeler la naissance de Jésus.

Accueillir ______ 5 , c'est accueillir ______ 1 dans notre vie.

Qu'est-ce qui est ______ 2 à Noël dans notre famille ?

Prière

Dieu,
ce petit bonhomme
dans la crèche, c'est Jésus.

C'est un petit bébé
fragile et on dit qu'il est
le Sauveur.
Comment un petit bébé
peut-il aider notre famille ?

Dieu,
prépare-nous à accueillir
Jésus dans notre famille.
Vive Noël !

Après avoir trouvé la PHRASE MYSTÈRE, découvre la vidéo de mes aventures !

Dans la vie de Lilo

Merveille de Dieu

JÉSUS EST LA LUMIÈRE

Dans le pays d'Israël, après la naissance d'un enfant, les parents vont au Temple remercier Dieu. Ils présentent l'enfant à Dieu et offrent des animaux.

Marie et Joseph vont donc à Jérusalem pour présenter Jésus au Temple.

Syméon est un homme juste et il aime Dieu. Comme tout le peuple, il attend le Sauveur. Dans un rêve, l'Esprit de Dieu dit à Syméon qu'il va voir le Sauveur du monde avant de mourir.

L'Esprit de Dieu envoie Syméon au Temple. Ce jour-là, Joseph et Marie amènent Jésus pour le présenter à Dieu. Syméon prend l'enfant dans ses bras.

Il bénit Dieu et il dit :

« Maintenant, mon Dieu, tu peux me laisser mourir dans la paix, moi ton serviteur. Car mes yeux voient le Sauveur que tu nous donnes. Il est la lumière pour tous, Jésus est la lumière du monde ».

Syméon dit que Jésus est bien le Sauveur attendu par le peuple de Dieu. Marie et Joseph repartent chez eux émerveillés par les paroles de Syméon.

D'après Lc 2, 22-33

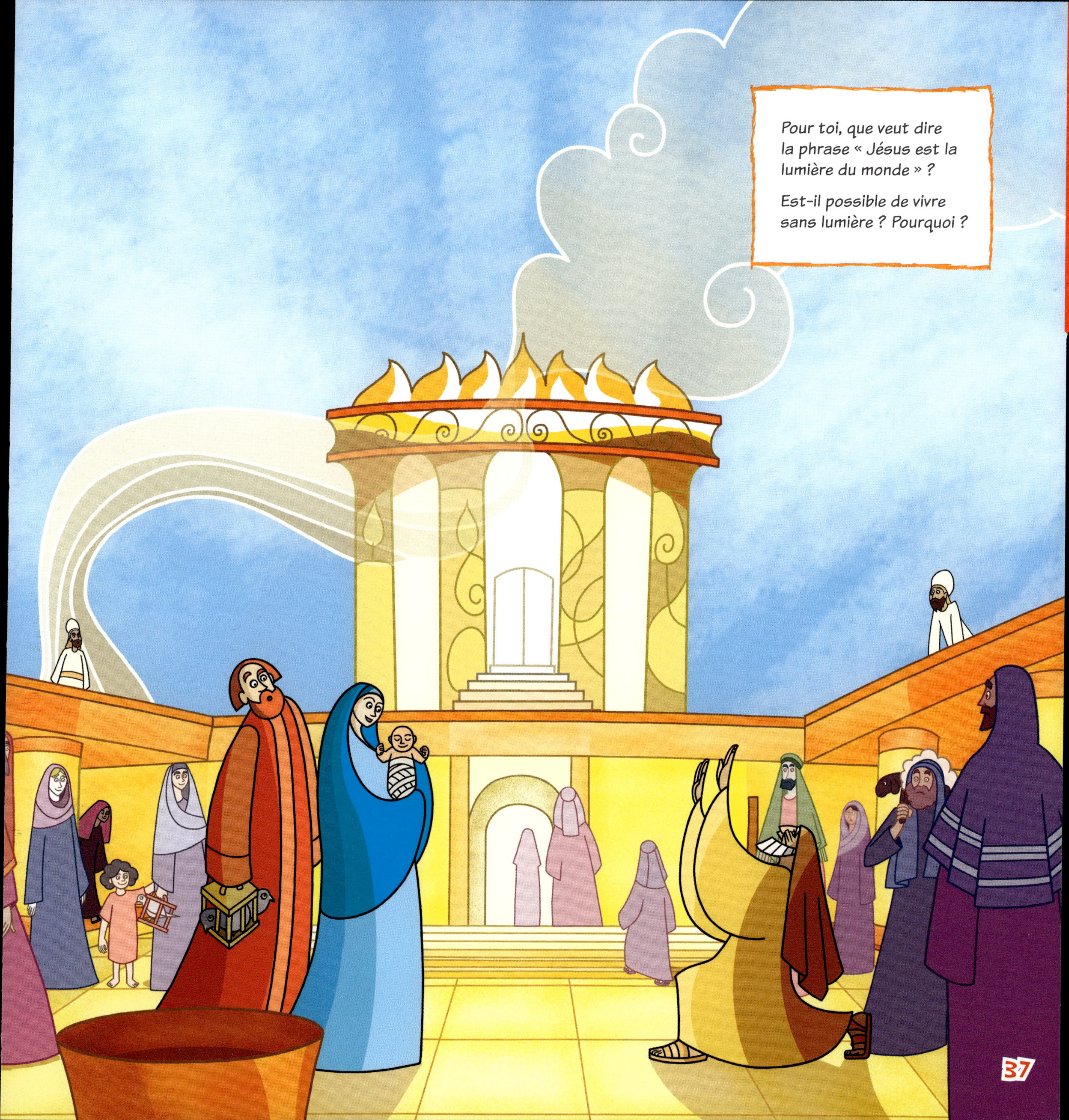

Pour toi, que veut dire la phrase « Jésus est la lumière du monde » ?

Est-il possible de vivre sans lumière ? Pourquoi ?

JÉSUS EST LA LUMIÈRE

Dans le pays d'Israël, après la naissance d'un enfant, les parents vont au Temple pour remercier Dieu.

D'après Lc 2, 22-33

JEU code 9954

www.merveilles-de-dieu.fr

disponible sur APPLI et sur SITE INTERNET

4 5 6

LE LABYRINTHE

Aide Syméon à rejoindre la lumière. Avec les lettres placées sur son chemin, retrouve le mot mystère.

MOTS MASQUÉS

NUIT
SOLEIL
BOUGIE

JÉSUS EST LA LUMIÈRE

PHRASE MYSTÈRE

Jésus est la ________ 1 du monde. Il est comme un ________ 3 qui fait ________ 2 les plantes, qui ________ 6, qui ________ 4.

________ 5 est-il aussi une lumière pour notre famille ?

PRIÈRE

Jésus,
il fait nuit en nous
quand on se fâche.
Éclaire-nous pour nous
réconcilier.

Il fait froid en nous
quand on est triste.
Réchauffe-nous
par ton amour.

Il fait noir en nous
quand on a peur.
Montre-nous le chemin
de la confiance.

Tu es lumière pour notre
famille. Merci !

Après avoir trouvé la PHRASE MYSTÈRE, découvre la vidéo de mes aventures.

DANS LA VIE DE LILO

Merveille de Dieu

Jésus est le Fils de Dieu

Jean-Baptiste est le cousin de Jésus. Il dit qu'il faut se préparer à accueillir le Sauveur, celui que Dieu a choisi pour sauver les hommes. Alors, beaucoup de personnes viennent l'écouter au bord d'une rivière, le Jourdain. Chacun veut changer sa vie pour devenir bon et pour être prêt à accueillir le Sauveur. Pour cela, Jean-Baptiste les baptise dans l'eau de la rivière.

Jésus a grandi dans le village de Nazareth. Il est maintenant un adulte. Il va à la rivière où il est baptisé lui aussi.

Après avoir été baptisé, Jésus se met à prier. Le ciel s'ouvre et l'Esprit Saint descend. Il a la forme d'une colombe et il descend sur Jésus. Une voix vient du ciel et elle dit :

« Toi, tu es mon Fils bien-aimé, je mets en toi toute ma joie ».

Cette voix qui vient du ciel, c'est la voix de Dieu. Il dit que Jésus est son Fils. C'est lui le Sauveur que Jean-Baptiste a annoncé.

Après son baptême, Jésus s'en va pour aller dire à tout le monde les merveilles de Dieu.

D'après Lc 3, 15-22

Qu'est-ce qui t'étonne dans ce récit ?

En famille, avons-nous déjà participé à un baptême ? Qu'avons-nous vu et entendu ?

Jésus est le Fils de Dieu

D'après Lc 3, 21-22

JEU code 8858

www.merveilles-de-dieu.fr

disponible sur APPLI et sur SITE INTERNET

4 5 6

L'INTRUS

Retrouve l'intrus. C'est le mot mystère !

MOTS MASQUÉS

JÉSUS EST LE FILS DE DIEU

PHRASE MYSTÈRE

Jésus est le ________ 6 de Dieu.
Dieu est un ________ 1 pour tous les ________ 5 .
Nous sommes tous ses ________ 3 bien-aimés. Il nous ________ 4 à aimer. Comment faisons-nous pour nous ________ 2 dans notre famille ?

PRIÈRE

Jésus,

Tu es le Fils
bien-aimé de Dieu,

Tu nous montres que
Dieu est amour.

L'amour, c'est ce qui unit
notre famille,
c'est Dieu qui nous fait
vivre ensemble.

Avec Toi, nous sommes
les enfants bien-aimés
de Dieu.

Après avoir trouvé la PHRASE MYSTÈRE, découvre la vidéo de mes aventures.

DANS LA VIE DE LILO

MERVEILLE DE DIEU

JÉSUS NOUS APPELLE

Partout où il va, Jésus annonce les merveilles de Dieu. Il fait des miracles, il guérit des malades. Alors, beaucoup de gens s'intéressent à lui et se mettent à le suivre.

Un jour, Jésus monte dans la barque de Pierre, un pêcheur. Jésus lui demande de l'emmener pêcher au milieu du lac. Mais Pierre vient de pêcher toute la nuit avec Jacques et Jean ses compagnons, sans attraper de poisson. Il fait confiance à Jésus et il retourne jeter ses filets dans le lac. Quand il les remonte à la surface de l'eau, ses filets sont pleins de poissons. Ils remplissent deux barques entières.

Quand Pierre voit ce miracle, il tombe à genoux aux pieds de Jésus et il lui dit :

« Écarte-toi de moi, Seigneur, car je suis un homme plein de fautes ».

En effet, Pierre et tous ceux qui étaient avec lui, sont effrayés devant la quantité de poissons qu'ils ont pêchés. Jacques et Jean, les compagnons de Pierre, sont eux aussi effrayés.

Mais Jésus dit à Pierre :

« N'aie pas peur, maintenant ce sont des gens que tu prendras ».

Alors, Pierre et ses amis ramènent leurs barques sur le bord du lac, ils abandonnent tout et ils suivent Jésus.

Jésus continue sa route avec Pierre, Jacques, Jean et tous ceux qui le suivent. Il continue de guérir les malades et d'annoncer les merveilles de Dieu.

Les hommes et les femmes qui suivent Jésus sont appelés ses disciples. Ils marchent avec Jésus, ils écoutent ses paroles et, comme lui, ils disent à tous les merveilles de Dieu.

D'après Lc 5, 1-11

8

Qu'est-ce qui est étonnant dans ce récit ?

En famille, de quelle manière pouvons-nous suivre Jésus ?

JÉSUS NOUS APPELLE

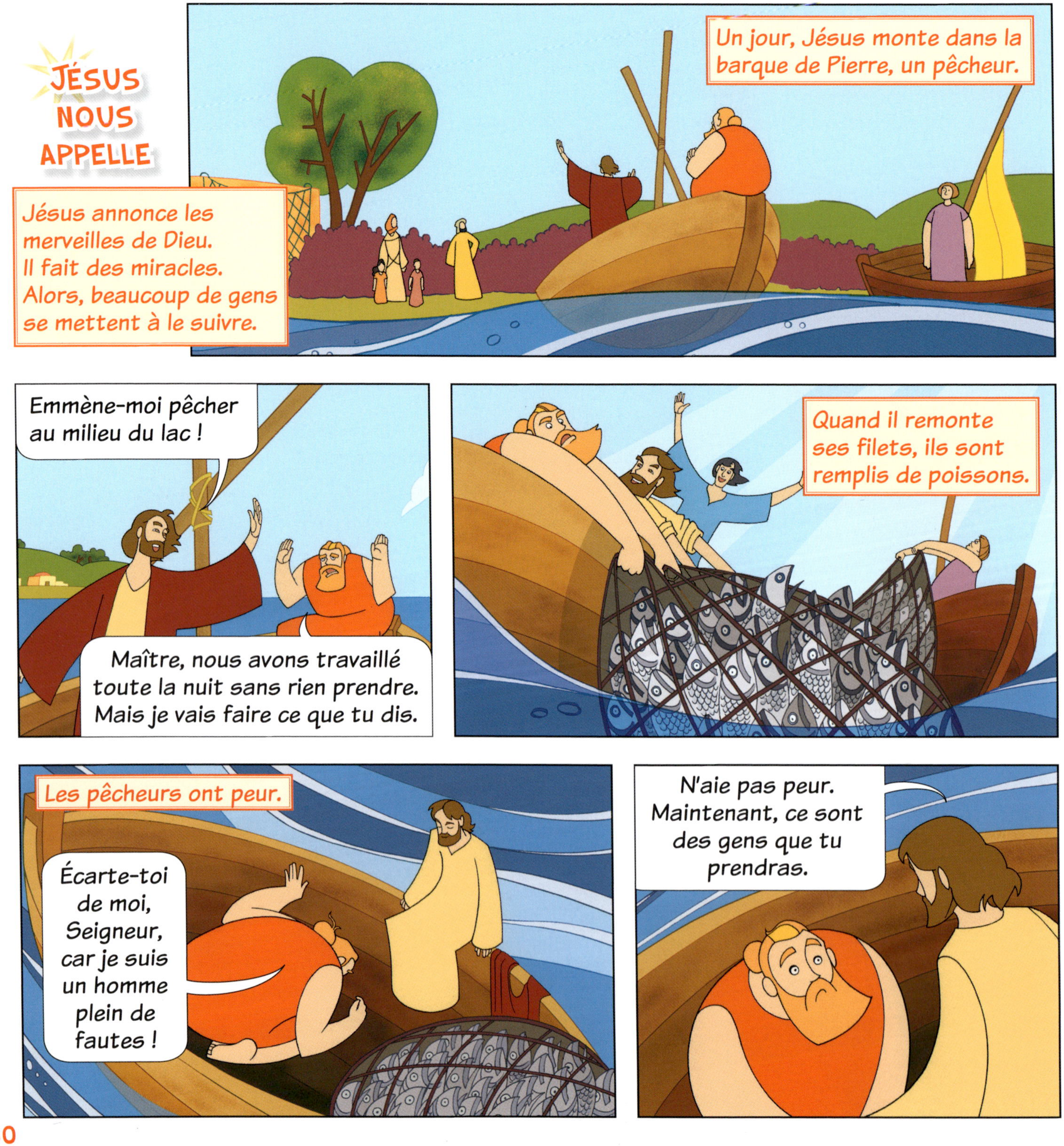

D'après Lc 5, 1-11

4 5 6

COD' ANIMAUX !

À l'aide du code, retrouve le mot mystère.

MOTS MASQUÉS

JÉSUS NOUS APPELLE

PHRASE MYSTÈRE

Jésus nous ________ (2) à ________ (6) avec lui, à l' ________ (5), à lui parler, à faire comme lui, à être son ________ (1).

En famille, de quelle ________ (4) pouvons-nous suivre ________ (3) ?

PRIÈRE

Jésus,
Tu nous appelles
à te suivre.

Jésus, Tu nous appelles
à vivre avec Toi
et à donner aux autres
ton amour.

Aide notre famille
à être accueillante, à aider
les autres, à partager,
à parler de Toi.

Jésus,
nous voulons te suivre,
montre-nous ton chemin.

Après avoir trouvé la PHRASE MYSTÈRE, découvre la vidéo de mes aventures.

DANS LA VIE DE LILO

Merveille de Dieu

JÉSUS GUÉRIT

Dans le pays d'Israël, beaucoup de personnes suivent Jésus. Un jour, Jésus est dans une maison, il continue de dire les merveilles de Dieu. Soudain, des hommes arrivent. Ils transportent un homme allongé sur un brancard. Cet homme est paralysé, il ne peut plus marcher. Jésus a déjà guéri beaucoup de personnes. Eux aussi croient que Jésus peut guérir le paralysé. Il y a tellement de monde dans la maison que les hommes ne peuvent pas le faire entrer. Alors, ils montent sur la maison, ils font un trou dans le toit et descendent doucement le paralysé sur son brancard devant Jésus. Jésus voit qu'ils croient qu'il est le fils bien aimé de Dieu. Jésus parle au paralysé et il lui pardonne tout ce qu'il a fait de mal.

En voyant cela, certains pensent que Jésus est un magicien et un menteur. Ils disent que Dieu est le seul qui peut pardonner ce que les gens font de mal.

Jésus leur dit : « *Pour vous faire comprendre que le fils bien-aimé de Dieu peut pardonner aux hommes ce qu'ils ont fait de mal, je te dis, à toi homme paralysé : lève-toi, prends ton brancard et rentre dans ta maison* ».

Aussitôt, l'homme paralysé se lève et prend son brancard. Il part vers sa maison en chantant les merveilles de Dieu.

Dans la maison, tout le monde est surpris. Les gens disent qu'ils ont vu des choses extraordinaires. C'est un miracle : le paralysé est guéri. Pour les personnes qui croient en Dieu, Jésus montre que rien n'est impossible : Dieu guérit l'homme tout entier.

D'après Lc 5, 17-26

Quelle est la merveille de Dieu étonnante dans ce récit ?

Dans notre vie de famille, est-ce que nous croyons que Dieu peut faire des miracles ?

JÉSUS GUÉRIT
Un jour, Jésus est dans une maison, il continue de dire les merveilles de Dieu.
Des hommes arrivent. Ils transportent un homme sur un brancard. Cet homme est paralysé : il ne peut plus marcher.
Je suis sûr que Jésus peut le guérir ! Mais il y a trop de monde, essayons par le toit !
Je fais un trou...
CRAC !
Je te pardonne tout ce que tu as fait de mal !
C'est un menteur ! Dieu seul peut pardonner ce que les gens font de mal !

D'après Lc 5, 17-26

4 5 6

LES MOTS WAGON

Utilise les autocollants pour reformer les mots. Puis cherche l'intrus : c'est le mot mystère !

ma	autocollant
autocollant	sure
gué	autocollant
tris	autocollant

MOTS MASQUÉS

JÉSUS GUÉRIT

PHRASE MYSTÈRE

Par Jésus, Dieu a remis ______ 3
l'homme ______ 4 . Il l'a guéri
de ses ______ 1 et de sa
______ 2 . En famille, est-ce
que nous croyons que Dieu peut
nous ______ 5 ?
Croyons-nous que Dieu peut faire
des ______ 6 ?

PRIÈRE

Jésus,
Tu as guéri
l'homme paralysé.
Tu as soigné tous ceux
qui avaient besoin de Toi.

Apprends-nous à soigner,
à consoler, à aimer.
Tu nous donnes
de la force.

Merci Jésus
d'être là pour nous guérir.

Jésus,
nous croyons en Toi.

Après
avoir trouvé
la PHRASE MYSTÈRE,
découvre la vidéo
de mes aventures.

DIEU DONNE TOUT À PARTAGER

Partout où il va, Jésus continue d'annoncer les merveilles de Dieu. Beaucoup de personnes le suivent jusque dans un endroit désert. Tout le monde a faim, c'est bientôt la nuit. Alors les amis de Jésus lui demandent de renvoyer les gens dans les villages pour manger et dormir.

Jésus leur dit : *« Donnez-leur vous-mêmes à manger »*.

Les amis de Jésus lui répondent : *« nous avons seulement cinq pains et deux poissons... Pour nourrir tout le monde, nous sommes obligés d'aller acheter à manger »*.
Il y a environ cinq mille personnes.

Jésus dit à ses amis : *« Faites asseoir les gens par groupe de cinquante ».*
Alors, les amis de Jésus les font tous asseoir par terre.

Jésus prend les cinq pains et les deux poissons. Il lève les yeux vers le ciel, il bénit les pains et les poissons. Il les partage et les donne à ses amis pour qu'ils les distribuent à tous. Tous se mettent à manger.

Après avoir mangé, ils n'ont plus faim et tous les morceaux qui restent sont rassemblés dans douze paniers.

C'est un miracle : Jésus a nourri tout le monde, avec l'aide de ses amis !
En se tournant vers Dieu et en partageant, Dieu est présent et tout devient possible.

D'après Lc 9, 12-17

Est-ce que tu crois que Dieu fait des miracles ?

En famille, nous est-il arrivé d'avoir des invités, mais peu de nourriture ? Comment s'est passé le partage ?

Dieu donne tout à partager

D'après Lc 9, 12-17

JEU code 4012

www.merveilles-de-dieu.fr

disponible sur APPLI et sur SITE INTERNET

LE LABYRINTHE

Aide les amis de Jésus à rejoindre le pain. Avec les lettres placées sur leur chemin, retrouve le mot mystère.

MOTS MASQUÉS

POISSON
PAIN
PANIER

DIEU DONNE TOUT À PARTAGER

PHRASE MYSTÈRE

Dieu nous ______ (1) tout.

Il nous ______ (6) à partager tout cela.

En multipliant les ______ (3),

Jésus nous montre qu'avec ______ (4),

tout devient ______ (5).

En famille, que se passe-t-il quand on ______ (2) ?

PRIÈRE

Jésus,
Tu montres que
tout vient de Dieu.
Tu nous invites
à partager avec les autres
les dons de Dieu.
Quand Tu multiplies
les pains, c'est tout l'amour
de Dieu que Tu nous donnes.

Merci pour tout ce que
Tu donnes à notre famille.
Merci pour la joie
qui se multiplie.
Merci pour la vie qui grandit.
Merci pour l'amour partagé
qui nous unit !

Après avoir trouvé la PHRASE MYSTÈRE, découvre la vidéo de mes aventures !

DANS LA VIE DE LILO

DIEU EST BON

Un jour, un homme vient voir Jésus. Il lui demande comment aimer Dieu et les autres. Pour lui répondre, Jésus raconte une histoire.

« Un homme va de Jérusalem à la ville de Jéricho. Des bandits l'attaquent. Ils déchirent ses vêtements. Ils lui donnent plein de coups et le laissent, presque mort, sur le bord du chemin. Peu après, un prêtre passe par là. Il voit l'homme attaqué par les bandits. Il ne s'arrête pas. Il passe loin de lui et continue son chemin. Un homme qui travaille dans le Temple passe aussi au même endroit. Il voit l'homme attaqué par les bandits. Il ne s'arrête pas. Il passe loin de lui et continue son chemin. Mais un Samaritain qui était en voyage arrive près de lui. Il le voit, il est plein de tendresse pour lui. Il s'approche et soigne ses blessures avec de l'huile et du vin. Le Samaritain fait monter l'homme sur son âne. Il l'emmène dans une auberge et prend soin de lui. Le lendemain, le Samaritain donne deux pièces d'argent à l'aubergiste. Il lui dit : "Prends soin de lui. Ce que tu auras dépensé en plus pour lui, je te le rembourserai quand je repasserai". »

Jésus demande à l'homme : *« Lequel de ces trois personnages a été le plus proche de l'homme attaqué par les bandits ? »*

Il répond à Jésus : *« Celui qui a été bon avec lui »*.

Jésus dit à l'homme : *« Va, et toi aussi, fais la même chose »*.

En racontant cette histoire, Jésus nous invite à être bons avec tous ceux que nous rencontrons, à nous approcher de ceux que l'on ne voit pas d'habitude. Il nous dit une merveille de Dieu : Dieu est bon, il nous a créés pour prendre soin des autres, pour aimer comme lui nous aime.

D'après Lc 10, 25-37

Peux-tu redire tout ce que l'homme bon a fait pour aider l'homme blessé ?

Dans notre famille, comment chacun fait-il attention aux autres ?

DIEU EST BON

Un jour, un homme vient voir Jésus...

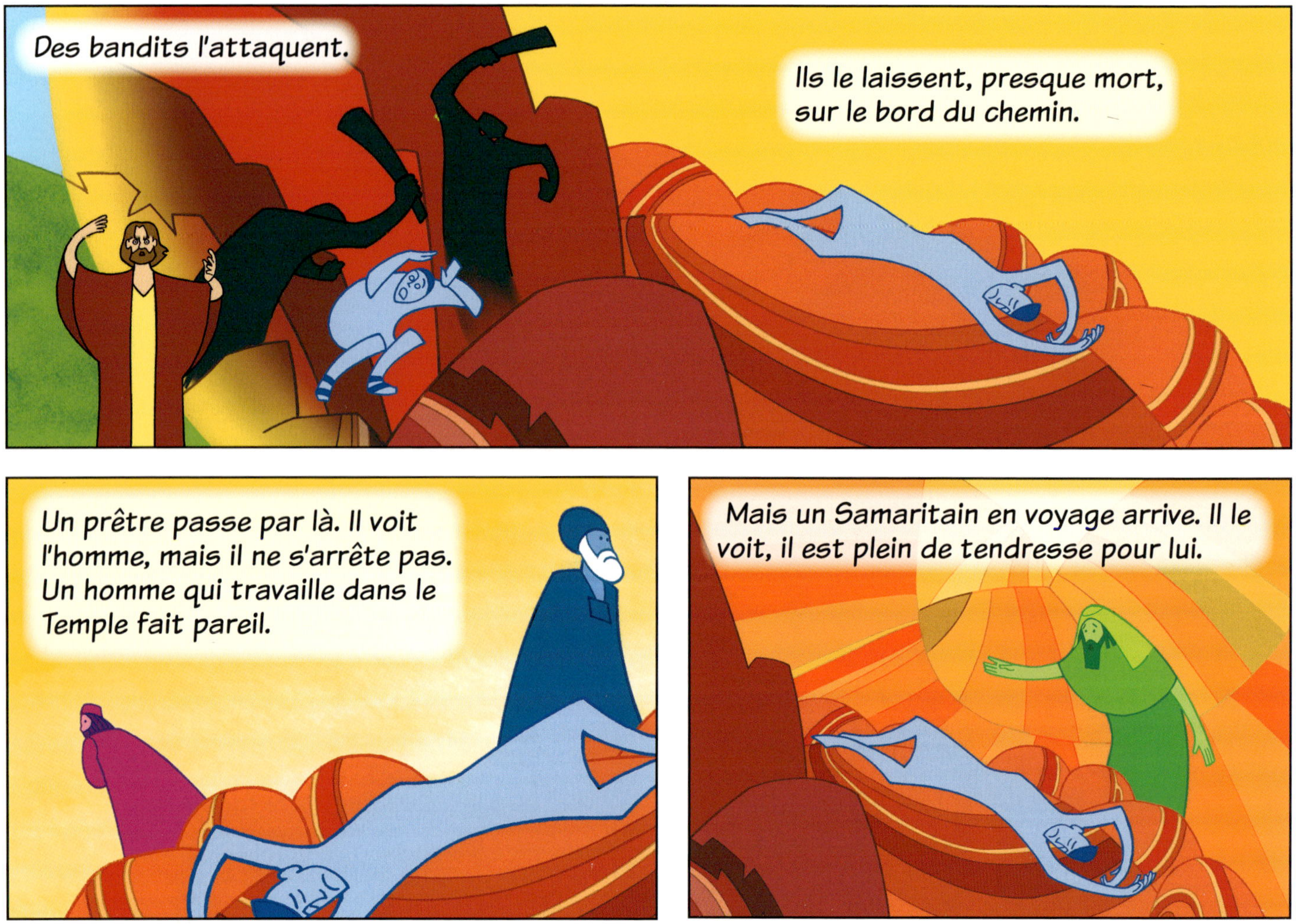

D'après Lc 10, 25-37

JEU code **4885**

www.merveilles-de-dieu.fr

disponible sur APPLI et sur SITE INTERNET

4 5 6

TOUT EN COULEURS

Colorie l'image selon le code couleur et tu découvriras en blanc le mot mystère.

MOTS MASQUÉS

MAINS
ÂNE
OREILLE

DIEU EST BON

PHRASE MYSTÈRE

______ 5 nous appelle à aimer,
à faire ______ 1 aux autres,
à être ______ 4 avec eux.
Avec nos ______ 3, nos yeux,
notre ______ 6, comment
faisons-nous attention aux ______ 2
dans notre famille ?

PRIÈRE

Dieu,
Tu nous as créés
pour aimer.

À la maison,
quand nous faisons
attention aux autres,
Tu es là.
Quand nous aidons
les autres,
Tu es là.
Quand nous donnons
du temps pour les autres,
Tu es là.

Dieu, c'est Toi qui nous
montres comment être bon
avec les autres.

Après avoir trouvé la PHRASE MYSTÈRE, découvre la vidéo de mes aventures !

DANS LA VIE DE LILO

Merveille de Dieu

Dieu nous écoute

Les amis de Jésus voient Jésus prier et parler très souvent à Dieu. Dieu est avec lui et il l'écoute. Les amis de Jésus cherchent eux aussi à parler à Dieu. Ils demandent alors à Jésus de leur apprendre à prier.

Jésus dit : *« Quand vous priez, dites :*

Père, ton nom est saint. Fais que tout le monde le connaisse !
Fais venir ton Royaume !
Chaque jour, donne-nous le pain qu'il nous faut !
Pardonne-nous nos péchés !
Oui, nous-mêmes, nous pardonnons à tous ceux qui nous ont fait du mal.
Et ne permets pas que nous soyons tentés par le mal !».

Cette prière, aujourd'hui, est la prière des chrétiens. On l'appelle la prière du « Notre Père ». En nous donnant cette prière, Jésus nous dit une merveille de Dieu : Dieu nous écoute, il est notre Père à tous. Nous pouvons le prier et lui parler.

D'après Lc 11, 1-4

Est-ce que tu connais la prière du « Notre Père » ?

À quels moments disons-nous ensemble la prière du « Notre Père » ?

DIEU NOUS ÉCOUTE

Les amis de Jésus voient Jésus prier et parler très souvent à Dieu. Dieu est avec lui et il l'écoute.

D'après Lc 11, 1-4

4 5 6

PREMIÈRE LETTRE

Écris la première lettre de chaque dessin et découvre le mot mystère.

MOTS MASQUÉS

VOITURE
VÉLO
BOUGIE

DIEU NOUS ÉCOUTE

PHRASE MYSTÈRE

_______ 1, c'est parler à Dieu et l' _______ 2. Nous pouvons prier de différentes manières : en _______ 5, en chantant, en se promenant, à pied ou à _______ 3, seul, tous _______ 4.

En famille, comment est-ce que nous _______ 6 ?

PRIÈRE

Notre Père,
qui es aux cieux,
que ton nom soit sanctifié,
que ton règne vienne,
que ta volonté soit faite
sur la terre comme au ciel.
Donne-nous aujourd'hui
notre pain de ce jour.
Pardonne-nous nos offenses,
comme nous pardonnons aussi
à ceux qui nous ont offensés.
Et ne nous laisse pas
entrer en tentation,
mais délivre-nous du Mal.

Amen.

12

Après avoir trouvé la PHRASE MYSTÈRE, découvre la vidéo de mes aventures !

DANS LA VIE DE LILO

Dieu nous cherche toujours

Jésus voyage à travers son pays. Un jour, il mange avec des gens qui ont fait du mal aux autres. Certains observent Jésus et ils ne comprennent pas pourquoi il accueille ceux qui se sont mal comportés. Pour leur répondre, Jésus raconte une histoire.

« Un homme a 100 brebis et il en perd une. Que fait-il ? Il laisse les 99 brebis dans le désert pour aller chercher celle qui est perdue. Il la cherche jusqu'à temps qu'il la retrouve. Quand il la retrouve, il la met sur ses épaules et il crie de joie. Puis il rentre chez lui et dit à ses amis et à ses voisins : "Soyons dans la joie, car j'ai retrouvé ma brebis que j'avais perdue" ».

Jésus raconte cette histoire pour dire que Dieu est comme ce berger. Quand quelqu'un est perdu, qu'il fait le mal, qu'il se sépare de Dieu, alors Dieu le cherche. Il veut qu'il revienne près de lui pour vivre dans son amour. À chaque fois que Dieu retrouve une personne, la joie éclate. Partout où il y a de la joie, Dieu est là.

D'après Lc 15, 1-7

13

Dans l'histoire, pourquoi le berger est-il dans la joie ?

Dans notre famille, quels sont les moments où nous sommes dans la joie ?

Dieu nous cherche toujours

Jésus accueille ceux qui se sont mal comportés.

Quand il la trouve, il est tout joyeux.
Il appelle ses amis et ses voisins :
Soyons dans la joie car j'ai retrouvé ma brebis que j'avais perdue !
Jésus raconte cette histoire pour dire que Dieu est comme ce berger.

13

JEU code 4919

www.merveilles-de-dieu.fr

disponible sur APPLI et sur SITE INTERNET

4 5 6

PETITS ET GRANDS...

Numérote les brebis de la plus petite à la plus grande.
Écris les lettres correspondantes et découvre le mot mystère.

MOTS MASQUÉS

SOURIRE
MOUTON
FAMILLE

DIEU NOUS CHERCHE TOUJOURS

PHRASE MYSTÈRE

Quand quelqu'un est ________ 5, séparé de Dieu, alors Dieu le ________ 1 toujours pour qu'il revienne vivre dans son ________ 6. Et quand Dieu ________ 2 une personne, la ________ 4 éclate. En ________ 3, quels sont les moments où nous sommes dans la joie ?

PRIÈRE

Dieu,

Merci pour la joie
que Tu nous donnes.

Merci pour les rires !

Merci pour la paix !

Merci pour les pardons
que l'on se dit !

Merci pour les temps
où on se retrouve ensemble !

Merci pour les merveilles
que Tu fais
dans notre famille !

Après avoir trouvé la PHRASE MYSTÈRE, découvre la vidéo de mes aventures !

DANS LA VIE DE LILO

Merveille de Dieu

Dieu nous prend dans ses bras

Jésus dit que Dieu aime tous les hommes. Pour parler de l'amour de Dieu, il raconte l'histoire d'un papa et de ses deux fils :

Un homme avait deux fils.
Un jour, le plus jeune des fils dit à son père :
« Papa, donne-moi l'argent que tu as gardé pour moi ». Alors le père lui donne son argent et, quelques jours plus tard, le fils part dans un pays très loin.

Là-bas, il gaspille tout son argent en faisant n'importe quoi.
Alors, quand il n'a plus rien du tout, quelqu'un l'envoie garder des cochons.
Le fils a très faim et personne ne lui donne rien.

Alors, il réfléchit. Il se dit :
« Moi ici, je meurs de faim alors que chez mon père, tous les ouvriers ont tellement à manger. Je vais aller chez mon père et je lui dirai : "Papa, je me suis mal comporté. Je ne mérite plus d'être appelé ton fils. Fais comme si j'étais un de tes ouvriers." »
Le jeune fils se lève et retourne chez son père. Il est encore loin de la maison. Son père le voit, il est plein de tendresse. Il court vers son enfant, il le serre dans ses bras et il l'embrasse.
Le fils lui dit :
« Papa, je me suis mal comporté. Je ne mérite plus d'être appelé ton fils. »

Mais le père dit à ses serviteurs :
« Vite, apportez le plus beau vêtement pour l'habiller, mettez-lui une bague au doigt et des sandales aux pieds. Allez chercher le veau gras, tuez-le, mangeons et faisons la fête, car mon fils était mort, il est vivant ; il était perdu et il est retrouvé ! »
Ils font la fête.

Jésus continue son histoire. Il raconte la colère et la jalousie du deuxième fils qui ne comprend pas pourquoi tout le monde fait la fête. Alors, le père est plein de tendresse pour lui. Il va le voir et l'invite à venir faire la fête avec eux car son frère qu'il pensait mort est revenu, il est vivant.

Jésus raconte cette histoire pour nous montrer que Dieu est comme le papa de l'histoire. Dieu nous laisse libres de partir et de nous éloigner de lui. Il attend toujours notre retour et nous accueille avec amour. Dieu nous prend toujours dans ses bras.

D'après Lc 15, 11-32

Qu'est-ce que j'aime bien dans cette histoire ?

En famille, quand est-ce qu'on se prend dans les bras ?

Dieu nous prend dans ses bras

Pour parler de l'amour de Dieu, Jésus raconte une histoire.

D'après Lc 15, 11-32

JEU code 9442

www.merveilles-de-dieu.fr

disponible sur APPLI et sur SITE INTERNET

4 5 6

MOTS MÊLÉS

Retrouve les mots suivants :
joie, pardon, amour, accueil
Barre tous les X.
Avec les lettres qui restent, trouve le mot mystère.

T	E	P	A	R	D	O	N
X	X	X	M	X	X	N	D
X	X	J	O	I	E	X	X
A	C	C	U	E	I	L	R
X	X	X	R	E	S	S	E

MOTS MASQUÉS

SANDALES
COCHON
FAMILLE

DIEU NOUS PREND DANS SES BRAS

PHRASE MYSTÈRE

Dieu est plein de ______ (5),

Quand nous ______ (2)

nos ______ (6), nous donnons

à voir l' ______ (4) de ______ (1)

Dans notre ______ (3), quels

sont les moments où chacun de nous

ouvre ses bras à l'autre ?

PRIÈRE

Ouvrir ses bras,
c'est faire comme Dieu.
Ouvrir ses bras,
c'est accueillir.
Ouvrir ses bras,
c'est pardonner.
Ouvrir ses bras,
c'est donner de l'amour,
de la tendresse.
Ouvrir ses bras,
c'est donner de la joie.
Ouvrir mes bras,
c'est me jeter dans les tiens.
Merci mon Dieu !

Après avoir trouvé la PHRASE MYSTÈRE, découvre la vidéo de mes aventures !

DANS LA VIE DE LILO

Dieu nous fait tous riches de Lui

Sur son chemin, Jésus parle de Dieu. Il dit aux hommes comment vivre avec Dieu.
Un jour, un homme riche vient le voir. Il connaît bien les règles de vie que Dieu a données aux hommes. Ces règles sont écrites dans le livre du peuple de Dieu.

L'homme riche demande à Jésus : *« Bon maître, qu'est-ce que je dois faire pour être l'ami de Dieu pour toujours ? »*

Jésus lui répond :

« Pourquoi m'appelles-tu "bon" ? Seul Dieu est bon. Tu connais les règles de vie :
Sois fidèle. Ne tue personne. Ne vole pas.
Ne mens pas. Respecte ton père et ta mère. »

L'homme riche dit : *« J'obéis à tout cela depuis que je suis petit. »*

Jésus dit à l'homme riche : *« Une chose te manque : vends tout ce que tu as et donne l'argent aux pauvres. Alors, tu auras des richesses chez Dieu. Puis viens et suis-moi. »*

L'homme riche comprend que pour être l'ami de Dieu, il doit donner tout ce qu'il a et suivre Jésus. Mais l'homme est très riche, alors, quand il entend les paroles de Jésus, il devient tout triste.

Jésus nous dit de partager et de donner tout ce que l'on a. Alors nous aurons tout pour vivre avec Dieu, pour être riches de Dieu : Dieu nous fait tous riches de Lui !

D'après Lc 18, 18-23

Pour moi, ça veut dire quoi « être riche » ?

En famille, quelles sont les richesses que nous donnons ?

Dieu nous fait tous riches de Lui

D'après Lc 18, 18-23

4 5 6

CACHE CACHE

Retrouve les 3 lettres cachées dans le dessin et découvre le mot mystère !

MOTS MASQUÉS

ARGENT
COFFRE
JÉSUS

DIEU NOUS FAIT TOUS RICHES DE LUI

PHRASE MYSTÈRE

_____ [3] nous fait comprendre qu'il y a plus de joie à _____ [4] qu'à _____ [6] pour soi. Pour être _____ [5] de Dieu, il faut donner ce que l'on a.

La vraie _____ [1], c'est la vie avec Dieu.

En famille, quelles sont les richesses que nous _____ [2] ?

PRIÈRE

Dieu,

apprends-nous
à partager nos richesses,
ce que nous possédons,
ce que nous savons faire,
les dons que nous avons.

Tout vient de Toi.

Nous voulons partager
tout cela avec les autres.

Nous voulons
être riches de Toi !

15

Après avoir trouvé la PHRASE MYSTÈRE, découvre la vidéo de mes aventures !

DANS LA VIE DE LILO

JÉSUS DONNE SA VIE PAR AMOUR

Ce soir, à Jérusalem, c'est la fête de la Pâque. C'est une grande fête pour les Juifs. Dans toutes les maisons, les gens chantent et partagent un bon repas. Les Juifs se rappellent qu'il y a très longtemps, leurs familles étaient prisonnières en Égypte. Et Dieu les a libérées. Ce soir, les Juifs disent merci à Dieu, ils prient et ils sont dans la joie.

Jésus fête lui aussi la Pâque avec ses amis. Il les a tous réunis pour partager le repas. Jésus sait qu'il va bientôt mourir car des personnes qui ne l'aiment pas veulent le tuer. Mais Jésus aime ses amis et il veut tout leur donner avant de mourir. Il veut leur dire qu'il les aime et qu'il sera toujours avec eux. Ses amis ne comprennent pas tout de suite ce que Jésus leur dit ce soir-là...

C'est l'heure, Jésus se met à table avec ses amis. Il leur dit :
« J'avais très envie de fêter la Pâque et de manger avec vous avant de souffrir ! »

Il prend alors une coupe. Il remercie Dieu pour toutes ses merveilles et il dit :
« Prenez cette coupe et partagez entre vous. Moi, je ne boirai plus de vin jusqu'à ce que vienne le Royaume de Dieu. »

Ensuite Jésus prend du pain. Il remercie Dieu pour toutes ses merveilles. Il partage le pain et il en donne un morceau à chacun de ses amis.

Ensuite, Jésus dit :
« Ceci est mon corps donné pour vous. Faites cela en mémoire de moi. »

En partageant du pain, c'est sa vie que Jésus partage.
Il donne sa vie par amour.
Il appelle tous ses amis à faire comme lui : donner et partager avec amour.

D'après Lc 22, 14-19

Qu'est-ce que j'aime bien dans ce qui est raconté ?

Qu'est-ce que nous donnons par amour ?
Qu'est-ce que nous partageons en famille ?

16

JÉSUS DONNE SA VIE PAR AMOUR

D'après Lc 22, 14-19

JEU code 8280

www.merveilles-de-dieu.fr

disponible sur APPLI et sur SITE INTERNET

4 5 6

RÉBUS

Décode le rébus pour trouver le mot mystère.

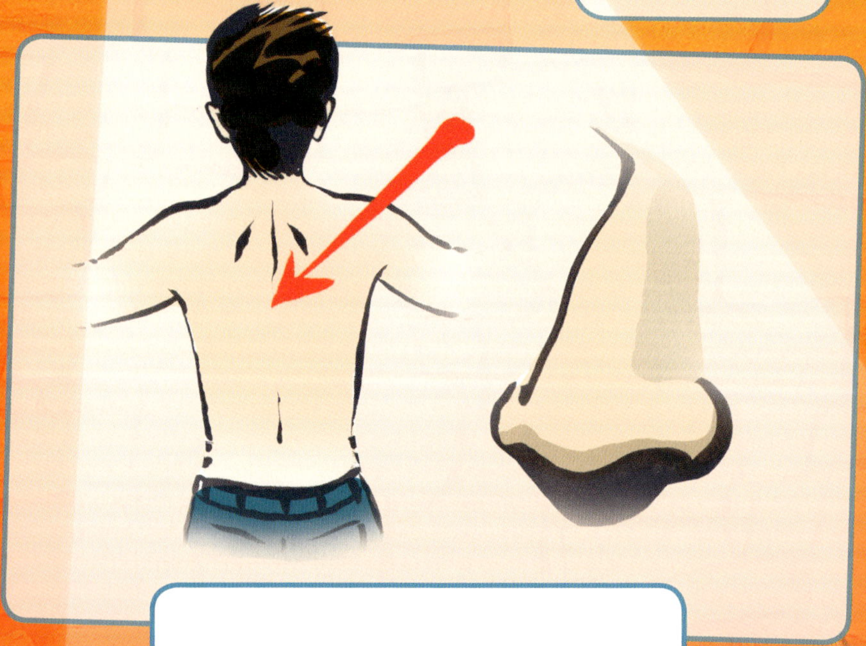

_ _ _ _ _ _

MOTS MASQUÉS

PAIN
TABLE
JÉSUS

JÉSUS DONNE SA VIE PAR AMOUR

PHRASE MYSTÈRE

_____ 3 a tout donné par _____ 2.
Il nous appelle à faire comme lui :
donner, _____ 1, aimer.
L'une des manières d'aimer est de
_____ 5 de nous-mêmes
aux _____ 6.
En _____ 4, quand chacun
donne-t-il un peu de soi aux autres ?

PRIÈRE

Jésus,
donner comme Toi
c'est tout partager,
tout offrir.
C'est donner
tout son amour aux autres.

Jésus,
nous voulons
suivre ton exemple.
Apprends-nous
à donner
comme Toi.

16

Après
avoir trouvé
la PHRASE MYSTÈRE,
découvre la vidéo
de mes aventures.

DANS LA VIE DE LILO

MERVEILLE DE DIEU

JÉSUS EST VIVANT !

Le soir de la fête de la Pâque, après le repas, Jésus et ses amis sortent de la ville. Ils vont prier dans le jardin des oliviers. Jésus sait qu'il va bientôt mourir. Ce qu'il dit et ce qu'il fait ne plaît pas à tout le monde.
Alors, les personnes qui ne l'aiment pas ont décidé de le tuer. Dans le jardin, Jésus prie Dieu, son père.

Dans la nuit, des soldats arrivent, ils arrêtent Jésus et l'emmènent au tribunal. Ils le jugent. Ils disent que Jésus est un menteur, qu'il ne peut pas être le Fils de Dieu. Alors, ils décident de le faire mourir.
Devant la foule, à côté de deux bandits, Jésus est cloué sur une croix. Il meurt.

Après sa mort, les amis de Jésus mettent son corps dans un tombeau ; puis, ils referment le tombeau avec une grosse pierre. D'habitude, le corps du mort doit être parfumé, mais c'est le sabbat et, pendant trois jours, les amis de Jésus n'ont pas le droit de parfumer son corps.

Quand le sabbat est terminé, trois amies de Jésus, Marie-Madeleine, Jeanne et Marie vont parfumer le corps de Jésus.

Le dimanche matin, les femmes viennent au tombeau. Elles apportent l'huile et le parfum qu'elles ont préparés. Elles arrivent devant le tombeau et elles voient que la grosse pierre a été roulée sur le côté. Elles entrent à l'intérieur et ne trouvent pas le corps de Jésus. Les femmes ne savent pas quoi faire.

Et voici que deux hommes en vêtements brillants apparaissent devant elles.

Elles sont effrayées. Les deux hommes leur disent :

« Pourquoi cherchez-vous Jésus, celui qui est le vivant, dans un tombeau ?
Il n'est pas ici mais il est ressuscité. Rappelez-vous :
Jésus vous avait dit qu'il allait mourir et que trois jours après il ressusciterait. »

Alors, les femmes se souviennent des paroles de Jésus.
Elles repartent raconter tout cela aux amis de Jésus.

D'après Lc 22, 39-71 ; 23 ; 24, 1-9

Qu'est-ce qui t'étonne dans ce récit ?

Dans ma vie en famille, Jésus est-il vivant ? Comment ?

17

JÉSUS EST VIVANT !

Après le repas de la Pâque, Jésus et ses amis prient au jardin des Oliviers.

À côté de deux bandits, Jésus est cloué sur une croix.
Père, pardonne-leur, ils ne savent pas ce qu'ils font.
Si tu es le roi des Juifs, sauve-toi toi-même !
Jésus pousse un grand cri et il meurt.
Des amis de Jésus prennent son corps.
Ils le mettent dans un tombeau.

Le dimanche matin, les femmes apportent de l'huile et des parfums pour le corps de Jésus.

Mais le tombeau est vide.

Pourquoi cherchez-vous Jésus dans un tombeau ? Il n'est pas ici.

D'après Lc 22, 39-71 ; 23 ; 24, 1-9

JEU code 6020

www.merveilles-de-dieu.fr

disponible sur APPLI et sur SITE INTERNET

4 5 6

MOTS CROISÉS

Fais les mots croisés et écris le mot mystère avec les lettres des cases rouges.

1 • le jour après le mercredi

2 • opposé au nord

3 • elle brille la nuit dans le ciel

4 • ils forment notre squelette

MOTS MASQUÉS

PARFUM
ANGE
FÊTE

JÉSUS EST VIVANT !

PHRASE MYSTÈRE

_____ (5) est ressuscité.

Il est _____ (1) pour _____ (2) avec nous.

Dieu est le Dieu de la vie.

Dans notre _____ (4), comment _____ (3) -t-on la _____ (6) ?

PRIÈRE

Jésus,

Tu es avec nous
pour toujours.

Partout où Tu es,
il y a de la vie.
Nous te remercions
pour la vie.

Jésus,

nous fêtons
ta vie.

Après avoir trouvé la PHRASE MYSTÈRE, découvre la vidéo de mes aventures.

DANS LA VIE DE LILO

Merveille de Dieu

JÉSUS SE MONTRE VIVANT

Devant le tombeau vide, les femmes ont entendu deux hommes leur dire que Jésus est vivant, qu'il est ressuscité. Les femmes annoncent cette merveille aux amis de Jésus. Mais ils ne croient pas ce que disent les femmes.
Le soir, les amis de Jésus sont tous réunis...

Les amis de Jésus discutent entre eux. Soudain, Jésus est au milieu d'eux. Il leur dit : *« La paix est avec vous »*. Les amis de Jésus sont effrayés. Ils ont peur. Ils pensent voir un fantôme. Mais Jésus dit à ses amis :

« Pourquoi avez-vous peur ? Vous ne croyez pas que c'est moi ? Regardez mes mains et mes pieds : c'est bien moi ! Touchez-moi, regardez-moi ! Un fantôme n'a pas de corps. Et vous voyez que moi j'en ai bien un ! ».

Jésus montre ses mains et ses pieds à ses amis. Ils sont tellement joyeux qu'ils n'arrivent pas encore à croire que c'est vraiment lui. Jésus leur dit alors : *« Avez-vous quelque chose à manger ? ».*

Les amis de Jésus lui donnent du poisson grillé.
Jésus prend le poisson et le mange devant eux.

Les amis de Jésus sont tout joyeux. Oui, Jésus est vraiment avec eux !

D'après Lc 24, 36-43

Qu'est-ce qui est étonnant dans ce récit ?

Pourquoi les amis de Jésus ont-ils du mal à croire que c'est bien Jésus ?

JÉSUS SE MONTRE VIVANT

D'après Lc 24, 36-43

JEU code 3366
www.merveilles-de-dieu.fr
disponible sur APPLI et sur SITE INTERNET

4 5 6

COD' ANIMAUX !

À l'aide du code, retrouve le mot mystère.

MOTS MASQUÉS

YEUX
POISSON
CIEL

JÉSUS SE MONTRE VIVANT

PHRASE MYSTÈRE

Jésus est ______ 1 ______ 5

Il est là avec nous, même si nos ______ 3 *ne le voient pas : dans la* ______ 4 *, dans les joies de la famille, dans les moments plus* ______ 6 *. Quelle place donnons-nous à* ______ 2 *dans notre famille ?*

PRIÈRE

Jésus,
nous voulons te voir.

Aide-nous
à te reconnaître,
à te voir dans notre vie.

Aide-nous
à regarder les autres
avec un regard d'amour
pour te voir
en chacun d'eux.

Jésus, Tu es là.

Nous croyons en Toi.

Après
avoir trouvé
la PHRASE MYSTÈRE,
découvre la vidéo
de mes aventures !

DANS LA VIE DE LILO

JÉSUS NOUS ENVOIE VIVRE LES MERVEILLES DE DIEU

Jésus est ressuscité. Le soir-même, il est avec ses amis. Comme ils n'ont pas compris, Jésus leur explique à nouveau pourquoi il est mort et ressuscité. Il leur rappelle que toutes ces merveilles avaient été annoncées par Dieu et que tout était écrit dans le livre du peuple de Dieu. Jésus explique à ses amis comment annoncer à tous les hommes qu'il est vivant pour toujours, qu'il est ressuscité.

Jésus leur dit :

« Allez dire à tous les peuples de la terre que Jésus-Christ est ressuscité. Il faut le dire d'abord dans la ville de Jérusalem. Dites à tous les hommes de changer de vie et annoncez-leur que Dieu leur pardonnera ce qu'ils ont fait de mal.
Vous êtes les témoins de toutes ces merveilles !

Et moi, je vais vous envoyer l'Esprit de Dieu ».

Jésus emmène ses amis en dehors de la ville. Là, il les bénit en étendant ses mains au-dessus de leur tête. Pendant qu'il les bénit, Jésus est emporté vers le ciel. Les amis de Jésus se mettent à genoux.
Pleins de joie, ils retournent dans la ville de Jérusalem et ils prient Dieu.

D'après Lc 24, 44-53

Que demande Jésus ?

En famille, quelles sont les merveilles que Dieu fait pour nous ?

JÉSUS NOUS ENVOIE VIVRE LES MERVEILLES DE DIEU

Jésus explique à ses amis pourquoi il est mort et ressuscité.

19

D'après Lc 24, 44- 53

JEU code 8206

www.merveilles-de-dieu.fr

disponible sur APPLI et sur SITE INTERNET

4 5 6

AU FIL DES MOTS

Retrouve les lettres qui sont attachées aux fils du micro et découvre le mot mystère.

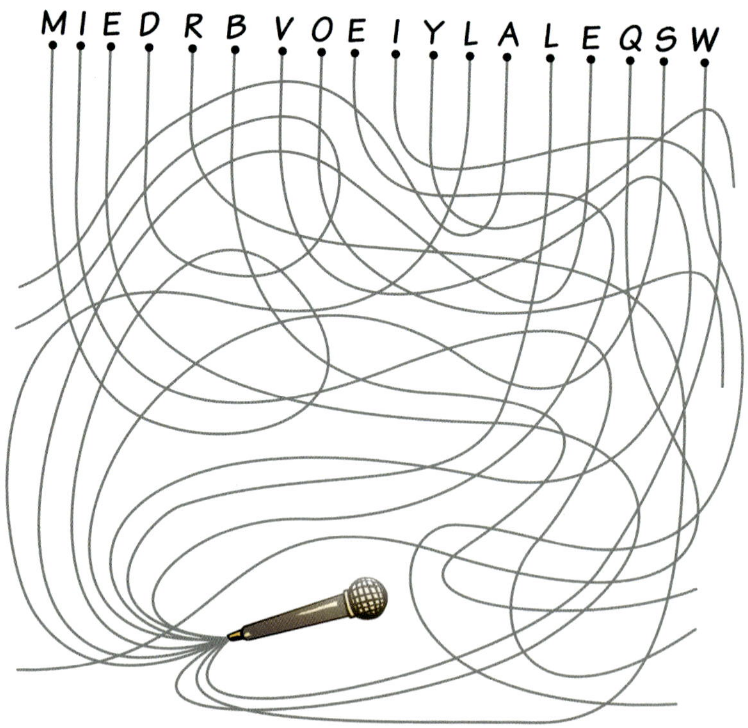

MOTS MASQUÉS

JESUS
BOUCHE
MICRO

JÉSUS NOUS ENVOIE VIVRE LES MERVEILLES DE DIEU

PHRASE MYSTÈRE

Comme les ____ (1) de ____ (3), nous sommes ____ (2) à ____ (4) les merveilles de Dieu. En famille, quelles sont les ____ (5) que Dieu fait pour nous ? Comment les ____ (6) aux autres ?

PRIÈRE

Jésus,

Merci pour toutes les merveilles de Dieu que Tu nous fais voir dans notre famille.

Tu nous dis de vivre ces merveilles de Dieu.

Aide-nous à les dire et à les partager avec nos amis, nos voisins, avec toutes les personnes qui sont de notre famille.

Vive les merveilles de Dieu !

Après avoir trouvé la PHRASE MYSTÈRE, découvre la vidéo de mes aventures !

DANS LA VIE DE LILO

DIEU NOUS DONNE SON ESPRIT SAINT

Cinquante jours après la fête de la Pâque, c'est la fête de la Pentecôte. Les amis de Jésus sont tous réunis. Tout à coup, ils entendent un grand bruit et un violent coup de vent traverse toute la maison. L'Esprit Saint remplit chacun d'eux. Tous se mettent alors à parler avec les langages de plusieurs pays. C'est l'Esprit Saint qui les fait parler.

À cause du bruit, beaucoup de personnes se sont rassemblées près de la maison. Elles viennent toutes de différents pays et pourtant elles comprennent les paroles des amis de Jésus. Pierre, un des amis de Jésus, continue de parler.

Pierre dit : « *Hommes du peuple d'Israël, écoutez ! Par Jésus, Dieu a fait pour vous des merveilles. Cet homme, vous l'avez fait mourir. Mais Dieu l'a ressuscité !*
Mes frères, Dieu a ressuscité Jésus, nous en sommes témoins. Il a donné son Esprit, comme vous le voyez et comme vous l'entendez ».

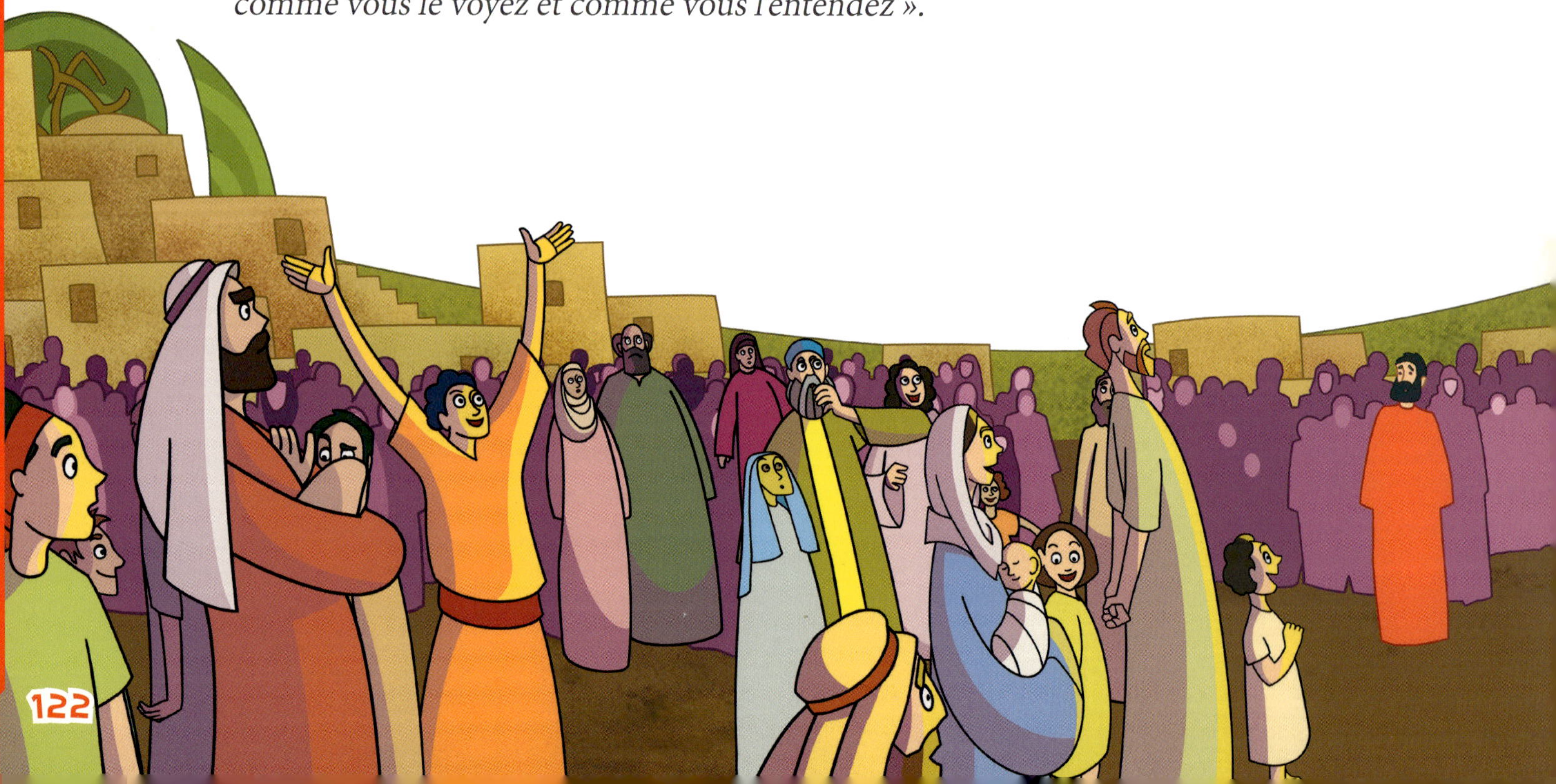

Tout le monde est touché par les paroles de Pierre. Des personnes demandent : *« Frères, que devons-nous faire ? »*

Pierre leur répond : *« Changez votre vie ! Faites-vous baptiser au nom de Jésus-Christ pour être pardonnés de ce que vous avez fait de mal. Et l'Esprit Saint va venir sur vous. »*

Pierre encourage tout le monde à dire les merveilles de Dieu. Après la fête de la Pentecôte, beaucoup de personnes se font baptiser et partent dire les merveilles de Dieu.

D'après Ac 2, 1-41

Qu'est-ce qui est étonnant dans ce récit ?

En famille, comment dire MERCI à Dieu pour toutes les merveilles qu'il fait pour nous ?

Dieu nous donne son Esprit Saint

D'après Ac 2, 1- 41

4

5

6

PUZZLE PENTECÔTE

Replace les autocollants du puzzle et découvre le mot mystère.

MOTS MASQUÉS

CADEAU
FEU
NUAGES

DIEU NOUS DONNE SON ESPRIT SAINT

PHRASE MYSTÈRE

Dieu nous donne son ________ ________ 2. Il nous donne envie d'annoncer ses ________ 4. Quel beau ________ 3 ! L'Esprit Saint, c'est l' ________ 5 de Dieu qui vit en ________ 1 de nous. En famille, comment dire ________ 6 à Dieu pour toutes les merveilles qu'Il fait pour nous ?

PRIÈRE

Dieu,

Ton Esprit Saint
nous rend forts,

Il nous pousse
vers les autres,

Il nous souffle les mots
pour parler de Toi.

Par ton Esprit,
Tu es là pour toujours
avec nous.

Par ton Esprit,
Tu es dans notre famille.

Merci !

Après avoir trouvé la PHRASE MYSTÈRE, découvre la vidéo de mes aventures !

DANS LA VIE DE LILO

PRIÈRES

APPRENDRE À FAIRE LE SIGNE DE CROIX

En faisant ce geste :

- tu te rappelles que Jésus est mort sur la croix et ressuscité,
- tu dis que tu crois en Dieu qui est Père, Fils et Esprit.

Notre Père

Notre Père

Qui es aux cieux,

Que ton nom soit sanctifié,

Que ton règne vienne,

Que ta volonté soit faite sur la terre comme au ciel.

Donne-nous aujourd'hui notre pain de ce jour.

Pardonne-nous nos offenses,

Comme nous pardonnons aussi à ceux qui nous ont offensés.

Et ne nous laisse pas entrer en tentation,

Mais délivre-nous du Mal.

Amen.

Je vous salue Marie

Je vous salue, Marie pleine de grâce ;

Le Seigneur est avec vous.

Vous êtes bénie entre toutes les femmes

Et Jésus, le fruit de vos entrailles, est béni.

Sainte Marie, Mère de Dieu,

Priez pour nous pauvres pécheurs,

Maintenant et à l'heure de notre mort.

Amen.

AUTOCOLLANTS

LE SAUVEUR EST NÉ, C'EST JÉSUS !

P. 34

JÉSUS GUÉRIT

P. 58

bles

tesse

ladie

rir

DIEU NOUS DONNE SON ESPRIT SAINT

P. 126